LE JULES ET AUTRES NOUVELLES

GUY DE MAUPASSANT

MON

ONCLE JULES

ET AUTRES NOUVELLES

21835

Le vocabulaire de ce livre est fondé sur
Börje Schlyter: Centrala Ordförrådet i Franskan
Günter Nickolaus: Grund- und Aufbauwortschatz
Französisch
Georges Gougenheim: Dictionnaire Fondamental
de la Langue Française

REDACTEUR
Ellis Cruse *Danemark*

CONSEILLERS
Inga Säfholm *Suède*
Otto Weise *Allemagne*
Reidar Kvaal *Norvège*
Harry Wijsen *Pays-Bas*

Illustrations: Oskar Jørgensen

© 1970 par ASCHEHOUG A/S
ISBN Danemark 87-429-7490-9

Imprimé au Danemark par
Sangill Bogtryk & offset, Holme Olstrup

GUY DE MAUPASSANT

né au Château de Miromesnil en 1850, mort à Paris en 1893.

Il fit ses études au Collège d'Yvetot, puis au lycée de Rouen et fut attaché pendant une dizaine d'années aux ministères de la Marine et de l'Instruction publique. Encouragé par Flaubert, ami de sa famille, il collabora, pour ses débuts, à la publication des « Soirées de Médan » (1880), avec *Boule de Suif*. Il fit paraître ensuite *Des Vers* (1880), recueil de poésies qui montra un vigoureux talent. Ses principaux recueils de contes sont: *La Maison Tellier* (1881); *Mademoiselle Fifi* (1882); *Contes de la Bécasse* (1883). Parmi ses romans: *Une Vie* (1883); *Bel-Ami* (1885); *Pierre et Jean* (1888); *Fort comme la Mort* (1889).

En pleine activité littéraire Maupassant fut atteint d'une maladie mentale. Bien que ses romans aient un grand mérite, il est surtout connu comme conteur. Maupassant est – avec Zola – le plus naturaliste de tous les écrivains de sa génération. Son style est sobre et net. Son observation révèle une sensibilité sensuelle et inquiète et laisse une impression de pessimisme et de tristesse.

TABLE DES MATIERES

Mon oncle Jules

Un vieux pauvre, à barbe blanche, nous demanda l'*aumône*. Mon camarade Joseph Davranche lui donna cent sous. Je fus surpris. Il me dit:

– Ce misérable m'a rappelé une histoire que je vais te raconter et dont le souvenir me poursuit sans cesse. La voici:

Ma famille, qui était du Havre, n'était pas riche. Mon père travaillait beaucoup, rentrait tard du bureau et ne gagnait pas grand-chose. J'avais deux sœurs.

Ma mère souffrait beaucoup de notre situation modeste, et elle trouvait souvent des paroles désagréables pour son mari. Le pauvre homme avait alors un geste qui me causait beaucoup de chagrin. Il se passait la main sur le front comme pour essuyer une *sueur* qui n'existait pas, et il ne répondait rien. Je sentais, combien sa douleur était grande. On faisait très attention à l'argent; on n'acceptait jamais un dîner, pour ne pas être obligé de le rendre; mes sœurs faisaient leurs robes elles-mêmes; on mangeait d'ordinaire de la soupe grasse, ce qui, paraît-il, est sain, mais j'aurais préféré autre chose.

Mais chaque dimanche nous allions nous promener

---

aumône, argent que l'on donne aux pauvres par charité
sueur, liquide qui sort par les pores de la peau, quand on a très chaud ou très peur

au port après avoir mis nos meilleurs vêtements. Mon père, en *redingote,* en *grand chapeau,* en *gants,* offrait le bras à ma mère, qui, elle, ressemblait à un grand bateau orné pour un jour de fête. Mes sœurs marchaient devant, en se donnant le bras. Elles avaient l'âge du mariage, et il fallait les montrer à la ville. Je me tenais à gauche de ma mère, et je me rappelle l'air solennel de mes pauvres parents, leur façon d'avancer, d'un pas grave, le corps droit.

Et chaque dimanche, en voyant entrer les gros bateaux qui revenaient des pays inconnus et lointains, mon père disait toujours:

– Hein, si Jules était là-dedans, quelle surprise!

Mon oncle Jules, le frère de mon père, était le seul espoir de la famille, après en avoir été la terreur. J'avais entendu parler de lui depuis mon enfance, et il me semblait que je l'aurais reconnu du premier coup, si un jour je l'avais vu. Je connaissais tous les détails de son existence jusqu'au jour de son départ pour l'Amérique, bien qu'on ne parlât qu'à voix basse de cette période de sa vie.

Il s'était très mal conduit, paraît-il, c'est-à-dire qu'il avait dépensé beaucoup d'argent, ce qui est bien le plus grand des crimes dans les familles pauvres. Il avait donc de beaucoup diminué l'*héritage,* sur lequel comptait mon père, après en avoir d'ailleurs mangé sa propre part jusqu'au dernier sou.

On l'avait embarqué pour l'Amérique, comme on

---

héritage, tout bien qui passe, suivant les lois, des parents aux enfants après la mort des parents

grand chapeau

gant

redingote

faisait alors, sur un gros bateau marchand allant du Havre à New York.

Une fois là-bas, mon oncle Jules s'établit marchand de je ne sais quoi, et il écrivit bientôt qu'il gagnait un peu d'argent et qu'il espérait maintenant pouvoir payer mon père pour le tort qu'il lui avait fait. Cette lettre causa dans la famille une émotion profonde. Jules, qui ne valait rien, devint tout à coup un honnête homme, un garçon de cœur, un vrai Davranche.

Un capitaine nous apprit en outre qu'il avait *loué* un magasin et qu'il faisait un commerce important.

Une seconde lettre, deux ans plus tard, disait:

---

louer, obtenir la permission de se servir d'une chose (chambre, auto, etc.) contre une certaine somme d'argent

– Mon cher Philippe, je t'écris pour que tu ne t'inquiètes pas de ma santé qui est bonne. Les affaires aussi vont bien. Je pars demain pour un long voyage en Amérique du Sud. Tu n'auras peut-être pas de mes nouvelles pendant plusieurs années. Si je ne t'écris pas, ne sois pas inquiet. Je reviendrai au Havre une fois que j'aurai fait fortune. J'espère que ce ne sera pas trop long, et que nous vivrons heureux ensemble.

Cette lettre était devenue la fierté de la famille. On la lisait à tout propos, on la montrait à tout le monde.

Pendant dix ans, en effet, l'oncle Jules ne donna plus signe de vie; mais l'espoir de mon père grandissait de jour en jour, et ma mère aussi disait souvent:

– Quand ce bon Jules sera là, notre situation changera. Voilà quelqu'un qui a su réussir dans la vie!

On avait fait des tas de projets sur ce retour attendu, on devait même acheter, avec l'argent de l'oncle, une petite *maison de campagne* près d'Ingouville.

L'aînée de mes sœurs avait alors vingt-huit ans, l'autre vingt-six. Elles ne se mariaient pas, et c'était là un gros chagrin pour tout le monde.

Enfin, un employé, pas riche, mais honorable, demanda la main de ma sœur la plus jeune. Je suis

---

maison de campagne, maison située à la campagne et où l'on va pendant les vacances et les week-ends pour se reposer et pour jouir de la nature

convaincu que la lettre de l'oncle Jules, montrée un soir, avait aidé le jeune homme à se décider.

On l'accepta sans hésitation, et il fut décidé qu'après le mariage toute la famille ferait ensemble un petit voyage à Jersey.

Aller à Jersey est le meilleur voyage que l'on puisse s'imaginer pour les gens pauvres. Ce n'est pas loin; on traverse la mer, et on est en terre étrangère, car l'île appartient aux Anglais. Donc, un Français, avec deux heures de voyage en mer, peut s'offrir la vue d'un peuple voisin chez lui et étudier les mœurs étrangères.

Ce voyage à Jersey devint notre rêve de tous les instants, notre unique attente.

On partit enfin. Je revois cela, comme si c'était d'hier: le *vapeur* chauffant contre le quai de Granville; mon père, confus, surveillant l'embarquement de nos trois valises; ma mère, inquiète, prenant le bras de ma sœur non mariée qui semblait perdue depuis le départ de l'autre; et derrière nous, les jeunes mariés qui restaient toujours en arrière, ce qui me faisait souvent tourner la tête.

vapeur

Le vapeur siffla. Nous étions montés et nous regardions les côtes s'éloigner, heureux et fiers comme tous ceux qui voyagent peu.

Tout à coup, mon père aperçut deux dames élégantes à qui deux messieurs offraient des *huîtres*. Un vieux *matelot* pauvre les ouvrait avec un couteau et les passait aux messieurs, qui les tendaient ensuite aux dames. Elles mangeaient d'une manière délicate, et, regardant ce spectacle, mon père fut impressionné par cet acte distingué de manger des huîtres sur un bateau en marche. Il s'approcha de ma mère et de mes sœurs en demandant:

— Voulez-vous que je vous offre quelques huîtres?

Ma mère hésitait en pensant à l'argent que cela coûterait, mais mes deux sœurs acceptèrent tout de suite. Ma mère dit, d'un ton pas très content:

— J'ai peur de me faire mal à l'estomac. Offre ça aux enfants seulement, mais pas trop, tu les rendrais malades.

Puis, se tournant vers moi, elle ajouta:

— Quant à Joseph, il n'en a pas besoin; il ne faut pas gâter les garçons.

Je restai donc à côté de ma mère, trouvant injuste sa façon de distinguer. Je regardais mon père qui conduisait solennellement ses deux filles et son *gendre* vers le vieux matelot.

Les deux dames venaient de partir, et mon père montrait à mes sœurs, comment il fallait manger les

---

gendre, le mari de la fille par rapport au père et à la mère de celle-ci

EXPRESS

matelot

huître

huîtres sans laisser couler l'eau. Cependant, il n'y réussit pas, et j'entendis ma mère dire:

– Il ferait mieux de se tenir tranquille.

Mais tout à coup mon père me parut inquiet; il s'éloigna du matelot, et vint brusquement vers nous. Il me sembla très pâle, quand il dit à ma mère à mi-voix:

– C'est extraordinaire, comme cet homme qui ouvre les huîtres ressemble à Jules.

Ma mère, confuse, demanda:

– Quel Jules?

Mon père reprit:

– Mais, mon frère... Si je ne le savais pas en bonne position en Amérique, je croirais que c'est lui.

Ma mère put à peine articuler les mots, quand elle répondit:

– Tu es fou! Puisque tu sais bien que ce n'est pas lui, pourquoi dire ces choses-là?

Mon père insistait:

– Va donc le voir, Clarisse. J'aime mieux que tu t'en assures toi-même, de tes propres yeux.

Elle se leva et alla rejoindre ses filles. Moi aussi, je regardais l'homme. Il était vieux et sale, et ne leva pas le regard de son travail.

Ma mère revint. Je m'aperçus qu'elle tremblait. Elle dit très vite:

– Je crois, que c'est lui. Va donc demander des renseignements au capitaine. Mais surtout, sois prudent, pour que ce *vaurien* ne nous retombe pas sur les bras, maintenant!

Mon père s'éloigna, mais je le suivis. Je me sentais étrangement ému.

---

vaurien, personne sans valeur morale

Le capitaine, un grand monsieur maigre, se promenait sur le pont d'un air important.

Mon père s'adressa à lui avec grande politesse, en l'interrogeant sur son métier. Ensuite, il lui posa quelques questions sur Jersey, puis, on parla du bateau, et, enfin, on en vint à l'*équipage*. Mon père dit d'une voix troublée:

équipage, les marins d'un bateau

– Vous avez là un vieux matelot qui ouvre les huîtres, il a l'air bien intéressant. Savez-vous quelques détails sur ce bonhomme?

Le capitaine, qui commençait à avoir assez de cette conversation, répondit sèchement:

– C'est un vieux vagabond français que j'ai trouvé en Amérique l'an dernier, et que j'ai ramené à sa patrie. Il a, paraît-il, des parents au Havre, mais il ne veut pas retourner chez eux, parce qu'il leur doit de l'argent. Il s'appelle Jules... Jules Darmanche ou Darvanche, quelque chose comme ça, enfin. Il paraît qu'il a été riche un moment là-bas, mais vous voyez, où il *en est réduit* maintenant.

Mon père, devenu tout pâle, arriva quand même à dire:

– Ah! ah! très bien..., fort bien... Cela ne m'étonne pas... Je vous remercie beaucoup, capitaine.

Et il s'en alla, tandis que le marin le regardait s'éloigner, stupéfait.

Il revint auprès de ma mère, tellement hors de lui qu'elle lui dit:

– Assieds-toi, pour que personne ne s'aperçoive de rien.

Il tomba sur le banc en disant:

– C'est lui, c'est bien lui!

Puis, il demanda:

– Qu'allons-nous faire?

Elle répondit vivement:

---

en être réduit, en être venu

– Il faut éloigner les enfants. Puisque Joseph sait tout, il va aller les chercher. Il faut prendre garde surtout que notre gendre ne se doute de rien.

Mon père semblait très troublé, et ma mère ajouta:

– Je me suis toujours doutée que ce voleur ne ferait rien, et qu'il nous causerait des ennuis. Comme si on pouvait attendre quelque chose d'un Davranche!

Et mon père se passa la main sur le front, comme il le faisait toujours sous les reproches de sa femme.

Elle ajouta:

– Donne de l'argent à Joseph pour qu'il aille payer ces huîtres. Il ne manquerait plus que d'être reconnus par ce *mendiant*. Cela ferait un joli effet sur le bateau. Allons-nous-en à l'autre bout de sorte que cet homme ne s'approche pas de nous.

Elle se leva, et ils s'éloignèrent après m'avoir remis une pièce de cent sous.

Mes sœurs, surprises, attendaient leur père. Je leur expliquai que maman s'était trouvée un peu mal par la mer, et je demandai au vieux matelot:

– Combien est-ce que nous vous devons, monsieur?

J'avais envie de dire: mon oncle.

Il répondit:

– Deux francs cinquante.

Je tendis mes cent sous, et il me rendit la monnaie.

Je regardais sa main, une pauvre main de matelot, et je regardais son visage, un vieux visage misérable et triste, en me disant:

– C'est mon oncle, le frère de papa, mon oncle!

mendiant, pauvre qui demande l'aumône

Je lui donnai dix sous de plus. Il me remercia:

– Que Dieu vous *bénisse,* mon jeune monsieur!

Il prononça ces mots avec l'accent d'un pauvre qui reçoit l'aumône.

Mes sœurs me regardaient, stupéfaites de ma générosité.

Quand je remis les deux francs à mon père, ma mère, surprise, demanda:

– Est-ce que ça a coûté trois francs? Ce n'est pas possible.

Je déclarai, d'une voix ferme:

– Je lui ai donné dix sous de plus.

Ma mère, furieuse, me regarda dans les yeux:

– Tu es fou! Donner dix sous à cet homme, à ce vaurien!

Elle s'arrêta sous un regard de mon père, qui désignait son gendre.

---

bénir, combler de faveurs

Puis on se tut.

Devant nous, à l'horizon, une ombre violette semblait sortir de la mer. C'était Jersey.

Lorsqu'on approcha les *jetées*, j'eus le désir violent de voir encore une fois mon oncle Jules, de m'approcher, de lui dire quelque chose de consolant, de tendre.

Mais, comme personne ne mangeait plus d'huîtres, il avait disparu, descendu sans doute au fond du bateau, où il dormait.

Et nous sommes revenus par le bateau de Saint-Malo, pour ne pas le rencontrer.

Je n'ai jamais revu le frère de mon père!

Voilà pourquoi tu me verras quelquefois donner cent sous aux vagabonds.

jetée

Questions

1. Que fait la famille Davranche tous les dimanches?

2. Qui est l'oncle Jules?

3. Pourquoi a-t-il été la terreur de la famille?

4. Où est-il parti?

5. Comment est-il devenu le seul espoir de la famille?

6. Pourquoi le jeune employé veut-il épouser la sœur la plus jeune?

7. Que décide de faire la famille après le mariage?

8. Comment fait-on pour aller à Jersey depuis le Havre?

9. Que se passe-t-il sur le bateau?

10. Pourquoi la mère a-t-elle peur d'être reconnue par le matelot?

11. Que fait le petit garçon en payant le matelot?

La Parure

valet

ANTICHAMBRE

culotte courte

La *parure*

C'était une de ces jolies et charmantes filles, nées, comme par une erreur du *destin,* dans une famille d'employés. Elle n'avait pas de *dot,* pas d'espérances, aucun moyen d'être connue et épousée par un homme riche et distingué; elle se laissa marier avec un petit employé du ministère de l'*Instruction publique.*

Elle était vêtue d'une façon simple, ne pouvant pas s'offrir d'être élégante, ce qui la rendait malheureuse comme une *déclassée.* Car les femmes n'ont ni de rang ni de race, c'est leur beauté et leur grâce qui leur servent de naissance et de famille.

Se sentant née pour tous les luxes elle souffrait sans cesse de la pauvreté de son appartement avec ses murs misérables, ses sièges *usés* aux étoffes laides. Toutes ces choses, dont une autre femme de son rang ne se serait même pas aperçue, lui causaient du chagrin et l'irritaient. Elle rêvait aux *antichambres* luxueuses et silencieuses, où deux *valets* en *culotte courte* se sont endormis dans de larges fauteuils à cause de la chaleur lourde du chauffage central. Elle rêvait aux grands salons vêtus de soie ancienne, aux

---

parure, bijou

destin, tout ce qui arrive et doit arriver à chacun

dot [dɔt], bien, qu'une jeune fille apporte au mariage

Instruction publique, Education nationale

déclassé, qui est sorti de sa position sociale

user, mettre en mauvais état par un emploi constant

meubles fins portant des *bibelots* précieux, et aux petits salons parfumés où on prend le thé à cinq heures avec les amis les plus intimes.

Le soir, au dîner, quand elle était assise devant la table ronde couverte d'une *nappe* de trois jours, en face de son mari qui mangeait son *pot-au-feu* avec le plus grand plaisir, elle rêvait aux dîners fins servis en des *vaisselles* merveilleuses et avec de jolies *argenteries*.

Elle n'avait pas de toilettes, pas de bijoux, rien. Et elle n'aimait que cela; elle se sentait faite pour cela. Son plus grand désir était de plaire, d'être enviée et recherchée.

Elle avait une amie riche, une camarade avec qui elle avait été au *couvent*, mais qu'elle n'avait plus envie d'aller voir, tant cela la faisait pleurer de chagrin et de désespoir en revenant.

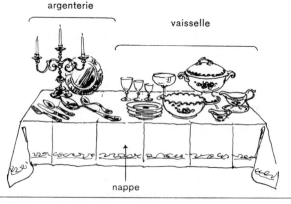

argenterie

vaisselle

nappe

bibelot, petit objet décoratif
pot-au-feu, plat de viande bouillie
couvent, pensionnat de jeunes filles, tenu par des religieuses

Or, un soir, son mari rentra, l'air fier et tenant à la main une large enveloppe.

– Tiens, dit-il, voici quelque chose pour toi.

Elle la déchira vivement et en tira une carte imprimée qui portait ces mots:

– Le ministre de l'Instruction publique et Mme Georges Ramponneau prient M. et Mme Loisel de leur faire l'honneur de venir passer la soirée à l'*hôtel du ministère*, le lundi 18 janvier.

Au lieu d'être *ravie*, comme l'espérait son mari, elle jeta avec colère l'invitation sur la table, murmurant:

– Que veux-tu que je fasse de cela?

Stupéfait, le mari répondit:

– Mais, ma chérie, je pensais que tu serais contente. C'est une belle occasion pour sortir, et j'ai eu

---

hôtel du ministère, demeure particulière du ministre
ravi, plein de joie

beaucoup de mal à obtenir une invitation! Tout le monde veut y aller, et on n'en donne pas beaucoup aux employés. Tu verras là tout le monde officiel.

D'un œil irrité elle regardait son mari et déclara:

– Mais que veux-tu que je me mette sur le dos pour y aller?

Maintenant le mari comprit, et, voyant sa femme pleurer, il eut beaucoup de peine.

– Voyons, Mathilde, combien cela coûterait-il une toilette convenable qui pourrait te servir encore en d'autres occasions, quelque chose de très simple?

Elle réfléchit quelques secondes faisant ses comptes et songeant aussi à leur modeste économie.

Enfin, elle répondit en hésitant:

– Je ne sais pas exactement, mais il me semble qu'avec quatre cents francs je pourrais y arriver.

Il avait un peu pâli, car cela représentait juste la somme qu'il avait réservée pour acheter un fusil qui lui permettrait d'aller à la chasse, l'été suivant, avec quelques amis le dimanche à Nanterre.

Il dit cependant:

– *Soit!* Je te donne quatre cents francs. Mais tâche d'avoir une belle robe.

Le jour de la fête approchait, mais Mme Loisel semblait triste et inquiète. Sa toilette était pourtant prête. Un soir, son mari lui demanda ce qu'elle avait, et elle répondit:

---

soit [swat], interjection qui signifie: que cela soit, je le veux bien

— Je suis triste, parce que je n'ai pas de bijou à mettre. Je préférerais presque ne pas aller à cette soirée; c'est indigne d'avoir l'air pauvre au milieu de femmes riches.

C'est alors que son mari eut l'idée qu'elle aille voir son amie Mme Forestier pour lui demander de lui prêter des bijoux.

Le lendemain elle se rendit chez son amie et lui raconta son problème.

Mme Forestier la laissa choisir parmi des *bracelets* et des *colliers*, mais rien ne semblait lui plaire.

Tout à coup elle découvrit, dans une boîte de satin noir, un ravissant collier, tout de diamants; et son cœur se mit à battre très fort. Ses mains tremblaient quand elle l'attacha autour de sa gorge et elle resta en admiration devant elle-même.

Hésitante et pleine d'angoisse elle demanda:

— Peux-tu me prêter cela, rien que cela?

— Mais oui, certainement.

Elle sauta au cou de son amie, l'embrassa vivement, puis s'enfuit avec son trésor.

bracelet

collier

Le jour de la fête, Mme Loisel eut beaucoup de succès, car elle était la plus jolie de toutes avec son élégance et sa grâce. Tous les hommes voulaient danser avec elle, même les *attachés du cabinet*.

Quand elle partit vers quatre heures du matin, elle était encore *ivre* de plaisir. Son mari dormait depuis minuit dans un petit salon désert avec trois autres messieurs dont les femmes, elles aussi, s'amusaient beaucoup.

Au moment où il lui mit sur les épaules les modestes vêtements qu'il lui avait apportés pour la sortie, elle sentit comme leur pauvreté contrastait avec sa toilette de bal élégante et voulut s'enfuir.

Lorsqu'ils furent dans la rue, ils ne trouvèrent pas de *fiacre*, et ils se mirent à chercher tout en criant après les *cochers* qu'ils voyaient passer de loin.

cocher

fiacre

---

attaché du cabinet, haut fonctionnaire du ministère
ivre, qui a le cerveau troublé par l'effet du vin

Sur le quai de la Seine, ils trouvèrent enfin un très vieux fiacre qu'on ne voit dans Paris que la nuit.

Il les ramena jusqu'à leur porte, rue des Martyrs, et ils remontèrent tristement chez eux. Pour elle, c'était fini; quant à lui, il songeait qu'il faudrait être au bureau à dix heures.

Elle ôta les vêtements qu'elle avait sur les épaules et se regarda dans la glace afin de se voir encore une fois dans sa gloire. Soudain elle poussa un cri. Elle n'avait plus son collier autour du cou.

– J'ai . . . j'ai . . . je n'ai plus le collier de Mme Forestier, cria-t-elle.

Son mari, à moitié dévêtu, se dressa, ému:

– Quoi! . . . comment! . . . Ce n'est pas possible!

Et ils se mirent à chercher, *affolés*, partout, dans les plis de la robe, dans les plis du manteau et dans les poches. Ils ne le trouvèrent point.

Il demandait:

– Es-tu sûre que tu l'avais encore en sortant du bal?

– Oui, je l'ai touché dans le vestibule du Ministère.

– Mais si tu l'avais perdu dans la rue, nous l'aurions entendu tomber. Il doit être dans le fiacre.

– Oui, c'est probable. As-tu pris le numéro?

– Non. Et toi, tu ne l'as pas regardé?

– Non.

Le mari se rhabilla vite et sortit refaire tout le chemin qu'ils avaient fait à pied, pour voir s'il ne le retrouverait pas.

---

affoler, rendre comme fou

Elle, par contre, resta tout immobile sur une chaise, gardant toujours sa toilette de soirée.

Vers sept heures, le mari rentra sans avoir rien trouvé.

Ensuite il alla à la Préfecture de Police et aux journaux pour faire promettre une récompense, mais tout cela sans résultat.

Ils se décidèrent enfin à écrire à l'amie pour lui dire, que la fermeture du collier était brisée et qu'on la faisait réparer.

Au bout d'une semaine, ils avaient perdu tout espoir et le mari, vieilli de cinq ans, déclara:

– Il faut trouver un moyen pour remplacer ce bijou.

Le lendemain, ils prirent la boîte qui avait renfermé le collier et se rendirent chez le *bijoutier* dont le nom se trouvait dedans.

En consultant ses livres, il constata que seulement la boîte et non pas le collier avait été fournie par lui.

Ils allèrent alors de bijoutier en bijoutier en cherchant une parure pareille à l'autre, tout en essayant de se souvenir comment elle était.

Enfin ils trouvèrent, dans une boutique du Palais-Royal, un collier de diamants qui leur parut entièrement semblable à celui qui était perdu. Il valait quarante mille francs, mais on le leur laisserait à trente-six mille.

Ils prièrent donc le bijoutier de ne pas le vendre

---

bijoutier, personne qui fait ou vend des bijoux

avant trois jours et si jamais le premier était retrouvé avant la fin du mois, il reprendrait le sien pour trente-quatre mille francs.

Loisel possédait dix-huit mille francs que lui avait laissés son père. Il *emprunta* le reste, demandant mille francs à l'un, cinq cents à l'autre. Il fit des *billets,* prit des engagements ruineux, eut affaire aux *usuriers,* à toutes les races de prêteurs.

Enfin, *épouvanté* par les années noires qui allaient commencer, il alla chercher le nouveau collier en déposant sur le *comptoir* trente-six mille francs.

Quand Mme Loisel rendit la parure à Mme Forestier, celle-ci lui dit d'un air fâché:

– Tu aurais dû me la rendre plus tôt, car je pouvais en avoir besoin.

Elle n'ouvrit pas la boîte, ce que craignait son amie, car qu'aurait-elle dit, si elle s'était aperçue de la *substitution?* Ne l'aurait-elle pas prise pour une voleuse?

Mme Loisel connut la vie horrible des gens pauvres. Pour payer la dette, on renvoya la bonne et on déménagea pour un logement plus modeste sous les toits.

---

emprunter, se faire prêter

billet, promesse de paiement

usurier, celui qui prête de l'argent et se fait rembourser beaucoup plus cher

épouvanter, frapper d'une grande peur

comptoir, grande table dans un magasin ou un bar sur laquelle on sert les clients

substitution, remplacement

Elle connut les gros travaux du ménage, elle lava la vaisselle, usant ses ongles roses; elle savonna le linge sale, les chemises de son mari.

Chaque mois, il fallait payer des billets, en renouveler d'autres, gagner du temps.

Le soir, le mari faisait les comptes pour un commerçant et souvent la nuit il faisait de la copie à cinq sous la page.

Et cette vie dura dix ans.

Au bout de dix ans, ils avaient tout payé avec les intérêts des intérêts.

Mme Loisel semblait vieille maintenant. Elle était devenue forte et dure. Elle était toujours mal peignée, avec la jupe de travers, et elle parlait trop haut. Mais parfois, lorsque son mari était au bureau, elle s'asseyait auprès de la fenêtre, et elle songeait à cette soirée d'autrefois où elle avait été si belle et avait eu tant de succès.

Que serait-il arrivé, si elle n'avait pas perdu cette parure? Qui sait? Comme la vie est étrange et changeante! Comme il faut peu de chose pour vous perdre ou vous sauver!

Or, un dimanche, comme elle était allée faire un tour aux Champs-Elysées pour se changer un peu les idées, elle aperçut tout à coup une femme qui promenait un enfant. C'était Mme Forestier, toujours jeune, toujours belle, toujours attirante.

Mme Loisel se sentit émue. Allait-elle lui parler? Oui, pourquoi pas? Maintenant qu'elle avait payé, elle lui dirait tout.

Elle s'approcha.

– Bonjour, Jeanne.

L'autre ne la reconnaissait point et se sentait étonnée d'être appelée ainsi familièrement par cette bourgeoise. Elle *balbutia:*

– Mais, madame!... Je ne sais... Vous devez vous tromper.

– Non. Je suis Mathilde Loisel.

Son amie poussa un cri:

– Oh!... ma pauvre Mathilde, comme tu es changée!...

---

balbutier, articuler mal, avec hésitation

– Oui, j'ai eu des jours bien durs, depuis que je ne t'ai vue; et cela à cause de toi!...

– De moi... Comment cela?

– Tu te rappelles bien cette parure de diamants que tu m'avais prêtée pour aller à la fête du Ministère?

– Oui. Eh bien?

– Eh bien, je l'ai perdue.

– Comment! puisque tu me l'as rapportée.

– Je t'en ai rapporté une autre toute pareille. Et voilà dix ans que nous la payons. Tu comprends que ça n'a pas été facile pour nous, qui n'avions rien... Enfin, maintenant c'est fini et je suis très contente.

Mme Forestier était devenue pâle.

– Tu dis que tu as acheté une parure de diamants pour remplacer la mienne?

– Oui. Tu ne t'en étais pas aperçue, hein? Elles étaient bien pareilles.

Et elle souriait d'une joie orgueilleuse et naïve.

Mme Forestier, fort émue, lui prit les deux mains.

– Oh! ma pauvre Mathilde! Mais la mienne était fausse. Elle ne valait que cinq cents francs!...

Questions

1. Est-ce que Mme Loisel est d'une famille riche?

2. De quoi rêve-t-elle?

3. Quelle est sa réaction quand elle reçoit l'invitation au Ministère?

4. Quel est son problème?

5. A qui demande-t-elle d'emprunter des bijoux?

6. Que se passe-t-il à la soirée?

7. Comment font Mme Loisel et son mari pour remplacer le collier perdu?

8. Quelle est la vie des Loisel pendant les dix ans qui suivent?

9. Que décide Mme Loisel quand elle rencontre son amie sur les Champs Elysées?

10. Qu'est-ce que Mme Forestier lui raconte?

Miss Harriet

Nous étions sept dans la voiture, quatre femmes et trois hommes, dont un sur le siège à côté du cocher, et nous montions la côte.

Partis d'*Etretat* au petit matin, pour aller visiter les ruines de *Tancarville,* nous ne nous sentions encore qu'à moitié réveillés dans l'air frais du matin. Les femmes surtout, n'ayant pas l'habitude de ces *réveils de chasseurs,* fermaient à tout moment les yeux et penchaient la tête.

C'était l'automne. Le soleil enfin se leva devant nous, tout rouge, et, à mesure qu'il montait, la campagne semblait s'éveiller, sourire, se secouer, et ôter, comme une fille qui sort du lit, sa chemise de vapeurs blanches.

Le comte d'Etraille, assis sur le siège, cria:

– Tenez, un *lièvre!* et il étendit le bras vers la gauche pour montrer l'animal, qui courait dans le

lièvre

Etretat, village en Normandie au bord de la mer
Tancarville, village sur la Seine, près de la mer
réveil de chasseur, réveil très tôt

champ. Tous les hommes s'éveillèrent, suivant la course de la bête.

René Lemanoir dit:

– Nous ne sommes pas galants ce matin, et, regardant sa voisine, la petite baronne de Sérennes, qui luttait contre le sommeil, il continua à mi-voix:

– Vous pensez à votre mari, baronne. Rassurez-vous, il ne revient que samedi. Vous avez encore quatre jours.

Elle répondit avec un sourire endormi:

– Que vous êtes bête!

Puis, se secouant un peu, elle ajouta:

– Voyons, dites-nous quelque chose pour nous faire rire. Vous, monsieur Chenal, qui *passez pour* avoir eu plus de *bonnes fortunes* que le *duc de Richelieu,* racontez-nous une histoire d'amour qui vous soit arrivée.

Léon Chenal, un vieux peintre qui avait été très beau, très fort, très fier de son physique, et très aimé, prit dans sa main sa longue barbe blanche et sourit, puis, après quelques moments de réflexion, il devint grave tout à coup.

– Ce ne sera pas gai, mesdames; je vais vous raconter le plus triste amour de ma vie. Je souhaite à mes amis de ne pas en inspirer de semblable.

---

passer pour, être considéré comme
bonnes fortunes, aventures amoureuses
duc de Richelieu, homme politique français du début du XIXe siècle

II

J'avais alors vingt-cinq ans et, jeune peintre, je parcourais les côtes normandes.

Sac au dos j'allais d'auberge en auberge sous prétexte d'études et de paysages sur nature. J'adore cette vie au hasard, on est libre, sans soucis, sans penser même au lendemain. On va par le chemin qui vous plaît, sans autre guide que sa fantaisie, sans autre conseiller que le plaisir des yeux.

Donc, en *errant* ainsi par ce pays même où nous sommes cette année, j'arrivai un soir au petit village de Bénouville, sur la *falaise* entre *Yport* et Etretat. Je venais de *Fécamp* en suivant la côte, et j'avais marché depuis le matin chantant à pleine voix, allant à grands pas et regardant la mer verte. Nous étions en mai.

On m'indiqua une petite ferme où on logeait des voyageurs, sorte d'auberge tenue par une paysanne au milieu d'une cour normande entourée d'un double rang d'arbres.

Quittant la falaise, je gagnai donc le village enfermé dans ses grands arbres, et je me présentai chez la mère Lecacheur.

C'était une vieille paysanne, ridée, sévère, qui

---

errer, aller çà et là à l'aventure
falaise, côte élevée au-dessus de la mer
Yport, village au bord de la mer
Fécamp, port de pêche

semblait toujours recevoir les clients avec une sorte de méfiance.

Je demandai:

– Eh bien, madame Lecacheur, avez-vous une chambre pour moi?

Etonnée de voir que je savais son nom, elle répondit:

– Ça dépend, tout est loué. On pourrait voir tout de même.

En cinq minutes nous fûmes d'accord, et je déposai mon sac sur le sol de terre d'une pièce *rustique*, meublée d'un lit, de deux chaises et d'une table. Elle donnait dans la cuisine qui était grande, pleine de fumée et où les *pensionnaires* prenaient leurs repas avec les gens de la ferme et la patronne, qui était veuve.

Je me lavai les mains, puis je ressortis. La vieille préparait un poulet pour le dîner dans sa large cheminée.

– Vous avez donc des voyageurs en ce moment? lui dis-je.

Elle répondit, de son air mécontent:

– J'en ai une, une Anglaise d'un certain âge. Elle occupe l'autre chambre.

J'obtins, avec une augmentation de cinq sous par jour, le droit de manger seul dans la cour quand il ferait beau.

---

rustique, qui appartient à la campagne
pensionnaire, personne qui paie un prix fixe, dans un hôtel, pour ses repas et sa chambre

On mit donc mon couvert devant la porte, et je commençai à manger les membres maigres de la poule normande en buvant du *cidre* clair et en *mâchant* du gros pain blanc, vieux de quatre jours, mais excellent.

Tout à coup, je vis une étrange personne se diriger vers la maison. Elle était très maigre, très grande, tellement serrée dans un *châle* à grands carreaux rouges, qu'on l'eût crue privée de bras, si on n'avait vu une longue main paraître à la hauteur des *hanches* tenant un *parasol* blanc. Sa figure était pâle et sèche, encadrée de cheveux gris. Elle passa devant moi vivement, en baissant les yeux, et s'enfonça dans la maison.

Cette singulière apparition me rendit gai; c'était ma voisine certainement, l'Anglaise, dont avait parlé la patronne.

Je ne la revis pas ce jour-là. Le lendemain, comme je m'étais installé pour peindre au fond de cette vallée charmante que vous connaissez et qui descend jusqu'à Etretat, j'aperçus, en levant les yeux tout à coup, quelque chose de singulier. C'était elle. En me voyant elle disparut.

Je rentrai à midi pour déjeuner et je pris place à la table commune, afin de faire connaissance avec cette vieille originale. Mais elle ne répondit pas à mes politesses, insensible à mes petits soins. Je lui versai de l'eau, je lui passai les plats avec grande

---

cidre, boisson tirée des pommes
mâcher, écraser avec les dents

châle

hanche

parasol

gentillesse. Un léger mouvement de tête, presque invisible, et un mot anglais murmuré si bas que je ne l'entendais pas, étaient ses seuls remerciements.

Je cessai de m'occuper d'elle, bien qu'elle occupât ma pensée.

Au bout de trois jours j'en savais sur elle autant que Mme Lecacheur elle-même.

Elle s'appelait Miss Harriet. Cherchant un village perdu pour y passer l'été, elle s'était arrêtée à Bénouville six semaines auparavant, et ne semblait pas du tout disposée à s'en aller. Elle ne parlait jamais à table, mangeait vite tout en lisant un petit livre de propagande protestante. Elle en distribuait à tout le monde, de ces livres. Le *curé* lui-même en avait reçu quatre. Elle disait quelquefois à la patronne, tout à coup, sans que rien ne préparât cette déclaration:

– J'aime le Seigneur plus que tout; je l'admire dans toute sa création, je l'adore dans toute sa nature, je le porte toujours dans mon cœur.

Et elle remettait aussitôt à la paysanne stupéfaite une de ses brochures.

Dans le village on ne l'aimait point. L'instituteur avait une fois déclaré: « C'est une *athée* », et depuis, une sorte de reproche pesait sur elle.

Ce mot « athée », dont on ignorait le sens précis, jetait des doutes dans les esprits. On prétendait en outre que l'Anglaise était riche et qu'elle avait passé sa vie à voyager dans tous les pays du monde, parce

---

curé, prêtre de la religion catholique
athée, qui ne croit pas en Dieu

que sa famille l'avait chassée. Pourquoi sa famille l'avait-elle chassée? A cause de son mépris pour la religion, naturellement.

C'était, en vérité, une de ces vieilles et bonnes filles *insupportables,* comme l'Angleterre en produit tant, qui voyagent partout en Europe, rendant l'Italie, la Suisse et les villes charmantes de la Méditerranée inhabitables.

Chaque fois que j'en apercevais une dans un hôtel, je me sauvais comme les oiseaux qui voient un *épouvantail* dans un champ.

Celle-là cependant me paraissait tellement singulière qu'elle ne me déplaisait pas.

Mme Lecacheur, qui n'aimait pas tout ce qui n'était pas paysan, avait trouvé un terme pour décrire la vieille fille, un terme méprisant, venu je ne sais comment sur ses lèvres; elle disait:

– C'est une *démoniaque.*

épouvantail

---

insupportable, avec qui il est difficile de vivre
démoniaque, qui est possédé par le diable

Et ce mot, collé sur cet être sérieux et sentimental, me semblait si drôle que, depuis, je ne l'appelais plus moi-même que « la démoniaque ».

Je demandais à la mère Lecacheur:

– Eh bien, qu'est-ce que fait notre démoniaque aujourd'hui?

Et la paysanne répondait d'un air fâché:

– Figurez-vous, monsieur, qu'elle a ramassé une petite bête, qui était blessée à la patte, et qu'elle l'a portée dans sa chambre, où elle l'a soignée comme si ça avait été un *homme!*

Une autre fois, en se promenant au pied de la falaise, elle avait acheté un gros poisson qu'on venait de pêcher, rien que pour le rejeter à la mer. Et le pêcheur, bien que payé largement, l'avait *traitée de tous les noms*, plus furieux que si elle lui avait pris son argent dans sa poche. Un mois après il ne pouvait encore parler de cela sans se mettre en fureur.

La petite bonne Céleste ne la servait pas volontiers, sans que j'eusse pu comprendre pourquoi. Peut-être uniquement parce qu'elle était étrangère, d'une autre race, et d'une autre religion.

Elle passait son temps à errer par la campagne, cherchant et adorant Dieu dans la nature.

Parfois, quand je travaillais dans les rochers, je l'apercevais tout à coup sur le bord de la falaise, regardant passionnément la vaste mer. Parfois je la

---

homme, ici: être humain
traiter de tous les noms, insulter

46

distinguais au fond d'une vallée, marchant vite de son pas d'Anglaise; et j'allais vers elle, attiré je ne sais par quoi, uniquement pour voir son visage éclairé, son visage sec, inexplicable, content d'une joie intérieure et profonde.

Souvent aussi je la rencontrais au coin d'une ferme, assise sur l'herbe, sous l'ombre d'un *pommier,* avec son petit livre ouvert sur les genoux, et le regard lointain.

Car je ne partais plus, attaché à ce pays calme par mille liens d'amour pour ses larges et doux paysages. J'étais bien dans cette ferme ignorée, loin de tout, près de la terre, de la bonne, saine, belle et verte terre. Et peut-être, faut-il l'avouer, un peu de curiosité me retenait chez la mère Lecacheur. J'aurais voulu connaître un peu cette étrange Miss Harriet et savoir ce qui se passe dans les âmes *solitaires* de ces vieilles Anglaises errantes.

---

pommier, arbre qui produit des pommes
solitaire, qui est seul

III

Nous fîmes connaissance assez singulièrement. Je venais d'achever une *étude* qui me paraissait bonne et qui l'était. Elle fut vendue dix mille francs quinze ans plus tard. C'était plus simple d'ailleurs que deux et deux font quatre. Tout le côté droit de mon tableau représentait une roche, une énorme roche couverte de plantes brunes, jaunes et rouges, sur qui le soleil coulait comme de l'huile. La lumière tombait sur la pierre et la dorait de feu. A gauche la mer, pas la mer bleue, la mer verte et dure, sous un ciel foncé.

J'étais tellement content de mon travail que je dansais en le rapportant à l'auberge. J'aurais voulu que le monde entier le vît tout de suite. Je me rappelle que je le montrai à une vache, en lui criant:

— Regarde ça, *ma vieille!* Tu n'en verras pas souvent de pareil.

En arrivant devant la maison, j'appelai aussitôt la mère Lecacheur:

— Ohé! ohé! La patronne, venez donc et regardez-moi ça.

La paysanne arriva et considéra mon œuvre de son œil stupide qui ne distinguait rien, qui ne voy-

---

étude, dessin ou peinture inachevée, faite pour étudier un effet et non pour être un tableau complet
ma vieille, terme familier et affectueux

ait même pas si cela représentait un bœuf ou une maison.

Miss Harriet rentrait, elle passait derrière moi juste au moment où, tenant mon tableau à bout de bras, je le montrais à la paysanne. « La démoniaque » ne put pas ne pas le voir, car je faisais attention de présenter la chose de telle sorte qu'elle n'échappât pas à son œil. Elle s'arrêta, saisie, stupéfaite. C'était « sa » roche, paraît-il, celle où elle grimpait pour rêver à son aise.

Elle murmura un « Aoh! » si anglais, si *flatteur,* que je me tournai vers elle en souriant; et je lui dis:

– C'est ma dernière étude, mademoiselle.

Elle murmura, pleine de tendresse:

– Oh! monsieur, vous comprenez la nature d'une façon touchante.

Je rougis, ma foi, plus ému par ce compliment que s'il fût venu d'une reine. J'étais charmé, vaincu. Je l'aurais embrassée, parole d'honneur!

Je m'assis à table à côté d'elle, comme toujours.

Pour la première fois elle parla, continuant à haute voix sa pensée:

– Oh! j'aime tant la nature!

Je lui offris du pain, de l'eau, du vin. Elle acceptait maintenant avec un petit sourire. Et je commençai à causer paysage.

Après le repas, nous étant levés ensemble, nous nous mîmes à marcher à travers la cour. Puis, attirés sans doute par le feu formidable que le soleil cou-

---

flatteur, qui loue avec exagération

chant allumait sur la mer, nous voilà partis, côte à côte, contents comme deux personnes qui viennent de se comprendre et de se pénétrer.

Serrée dans son châle à carreaux, l'air inspiré, les dents au vent, l'Anglaise regardait l'énorme soleil s'abaisser vers la mer. Devant nous, là-bas, à la limite de la vue, un grand bateau à voile dessinait sa ligne sur le ciel rouge.

Le soleil descendait toujours, lentement. Et bientôt il toucha l'eau, juste derrière le navire immobile. Il s'enfonçait peu à peu, *dévoré* par l'Océan. On le voyait plonger, diminuer, disparaître. C'était fini.

Miss Harriet regardait d'un regard passionné ce coucher de soleil et murmura:

– Oh! j'aime... j'aime... j'aime...

Je vis une larme dans son œil. Elle reprit:

– Je voudrais être un petit oiseau pour m'envoler dans le ciel.

Et elle restait debout, comme je l'avais vue souvent, collée sur la falaise, rouge aussi dans son châle.

Je me retournai pour ne pas sourire.

Puis, je lui parlai peinture, comme j'aurais fait à un camarade. Elle m'écoutait attentivement, comprenant, cherchant à deviner le sens obscur des mots, à pénétrer ma pensée. De temps en temps elle prononçait:

– Oh! je comprends. C'est très touchant.

Nous rentrâmes.

---

dévorer, manger très vite comme quelqu'un qui a très faim

Le lendemain, en m'apercevant, elle vint vivement me tendre la main. Et nous fûmes amis tout de suite.

Je m'aperçus bientôt qu'elle avait quelque chose à me dire, mais elle n'osait pas, et je m'amusais de sa timidité. Quand je partais, le matin, avec ma boîte sur le dos, elle m'accompagnait jusqu'au bout du village, muette, visiblement inquiète et cherchant ses mots pour commencer. Puis elle me quittait brusquement et s'en allait vite.

Un jour enfin, elle prit courage:

– Je voudrais voir comment vous faites de la peinture. Voulez-vous? Je suis très curieuse.

Et elle rougissait comme si elle eut prononcé des paroles extrêmement osées.

Je l'emmenai au fond du *Petit-Val,* où je commençais une grande étude.

Elle resta debout derrière moi, suivant tous mes gestes avec une grande attention.

Puis soudain, craignant peut-être de me gêner, elle me dit:

– Merci, et s'en alla.

Mais en peu de temps elle devint plus familière et elle se mit à m'accompagner chaque jour avec un plaisir visible. Elle apportait sous son bras son *pliant,* ne voulant pas permettre que je le prisse, et elle s'asseyait à mon côté. Elle restait là pendant des heures, sans bouger et sans dire un mot, suivant de l'œil le

---

Petit-Val, nom d'une petite vallée
pliant, siège qui se plie

bout de mon *pinceau* dans tous ses mouvements. Elle avait beaucoup de respect pour mes tableaux, de respect presque religieux et parfois elle me parlait de Dieu.

Je la traitais comme une ancienne amie, avec une sincérité *cordiale*. Mais je m'aperçus bientôt que son attitude avait un peu changé. Je n'y pris pas garde dans les premiers temps.

Quand je travaillais, soit au fond de ma vallée, soit dans quelque *chemin creux*, je la voyais soudain paraître. Elle s'asseyait brusquement, le souffle coupé, comme si elle avait couru ou comme si quelque émotion profonde la troublait. Elle était fort rouge, de ce rouge anglais qu'aucun autre peuple ne possède; puis, sans raison, elle devenait pâle comme si elle allait perdre connaissance. Peu à peu, cependant, je la voyais reprendre sa couleur normale et elle se mettait à parler.

Puis, tout à coup, elle coupait une phrase, se levait et partait si vite et si étrangement que je cherchais si je n'avais rien fait qui pût lui *déplaire* ou la blesser.

Enfin je pensais que c'était sans doute là son attitude normale, mais qu'elle l'avait simplement changée en mon honneur dans les premiers temps de notre connaissance.

---

pinceau, instrument qui sert à peindre
cordial, qui vient du fond du cœur
chemin creux, chemin de campagne entre deux haies
déplaire, ne pas plaire

Autrefois, quand elle rentrait à la ferme après des heures de marche sur la côte, ses longs cheveux s'étaient souvent défaits, mais elle ne s'en inquiétait guère. Maintenant, elle montait dans sa chambre pour se préparer avant le dîner, et quand je lui disais:

– Vous êtes belle comme une étoile aujourd'hui, Miss Harriet, un peu de sang lui montait aussitôt aux joues, du sang de jeune fille, du sang de quinze ans.

Puis, elle redevint tout à fait sauvage et cessa de venir me voir peindre. Je pensais que cela se passerait mais cela ne se passait pas. Quand je lui parlais, maintenant, elle me répondait, soit avec indifférence, soit avec colère. Je ne la voyais qu'aux repas et nous ne causions presque plus. Je pensais vraiment que je l'avais blessée en quelque chose, et je lui demandai un soir:

– Miss Harriet, pourquoi n'êtes-vous plus avec moi comme autrefois? Qu'est-ce que j'ai fait pour vous déplaire? Vous me faites beaucoup de peine!

Elle répondit, avec un accent de colère tout à fait drôle:

– Je suis toujours avec vous la même qu'autrefois. Ce n'est pas vrai, pas vrai.

Après, elle courut s'enfermer dans sa chambre.

Elle me regardait par moments d'une étrange façon. Je me suis dit souvent depuis ce temps que les condamnés à mort doivent regarder ainsi quand on leur annonce le dernier jour. Il y avait dans son œil une espèce de folie, et il me semblait qu'il y avait aussi en elle un combat où son cœur luttait contre une force inconnue. Ou peut-être encore autre chose . . . Que sais-je? Que sais-je?

IV

Ce fut vraiment une singulière *révélation*.

Depuis quelque temps je travaillais chaque matin à un tableau dont voici le sujet:

Un chemin creux, profond, dominé par des arbres dans une vapeur, comme on le voit parfois sur les vallées, au lever du jour. Et tout au fond de ce brouillard épais, on voyait venir, ou plutôt on devinait, un couple humain, un jeune homme et une fille, elle la tête vers lui, lui penché vers elle, bouche à bouche.

Un premier rayon de soleil, glissant entre les branches, traversait ce brouillard de petit matin et lui donnait un ton rose. C'était bien, ma foi, fort bien.

Je travaillais dans la descente qui mène à la petite vallée d'Etretat. J'avais par chance, ce matin-là, le brouillard flottant qu'il me fallait.

Quelque chose se dressa devant moi, comme un *fantôme:* c'était Miss Harriet. En me voyant elle voulut fuir. Mais je l'appelai, criant:

fantôme

---

révélation, le fait de découvrir un secret

– Venez, venez donc, mademoiselle, j'ai un petit tableau pour vous.

Elle s'approcha, comme à regret. Je le lui montrai. Elle ne dit rien, mais elle resta longtemps immobile à regarder, et brusquement elle se mit à pleurer. Elle pleurait avec force comme les gens qui ont beaucoup lutté contre les larmes, et qui n'en peuvent plus, qui s'abandonnent en résistant encore.

Je me levai vivement, ému moi-même de ce chagrin que je ne comprenais pas, et je lui pris les mains par un mouvement d'affection brusque, un vrai mouvement de Français qui agit plus vite qu'il ne pense.

Elle laissa quelques secondes ses mains dans les miennes, et je les sentis trembler comme si tous ses nerfs s'étaient tordus. Puis elle les retira brusquement, ou plutôt les arracha.

Je l'avais reconnu, ce *frisson*-là, pour l'avoir déjà senti; et rien ne m'y tromperait. Ah! le frisson d'amour d'une femme, qu'elle ait quinze ou cinquante ans, qu'elle soit du peuple ou du monde, me va si droit au cœur que je n'hésite jamais à le comprendre.

Tout son pauvre être avait tremblé. Je le savais. Elle s'en alla sans que j'eusse dit un mot, me laissant surpris comme devant un *miracle*, et désolé comme si j'avais commis un crime.

Je ne rentrai pas pour le déjeuner. J'allai faire

---

frisson, tremblement causé par le froid, par la peur ou par une émotion violente
miracle, événement surnaturel

un tour au bord de la falaise, ayant autant envie de pleurer que de rire, trouvant l'aventure *comique* et digne de pitié en même temps, me sentant ridicule et la jugeant malheureuse à en devenir folle.

Je me demandais ce que je devais faire.

Je jugeai que je n'avais plus qu'à partir, et j'en pris tout de suite la décision.

Après avoir marché jusqu'au dîner, un peu triste, un peu rêveur, je rentrai à l'heure de la soupe.

On se mit à table comme d'habitude. Miss Harriet était là, mangeait gravement, sans parler à personne et sans lever les yeux.

J'attendis la fin du repas, puis, me tournant vers la patronne:

– Eh bien, madame Lecacheur, je ne vais pas tarder à vous quitter.

La bonne femme, surprise et troublée, s'écria:

– Qu'est-ce que vous dites là, mon brave monsieur? Vous allez nous quitter! J'étais si bien habituée à vous!

Je regardai du coin de l'œil Miss Harriet; sa figure n'avait pas bougé. Mais Céleste, la petite bonne, venait de lever les yeux vers moi. C'était une grosse fille de dix-huit ans, rouge, fraîche, forte comme un cheval, et propre, chose rare. Je l'embrassais quelquefois dans les coins, par habitude de coureur d'auberges, rien de plus.

Et le dîner s'acheva.

J'allai fumer ma pipe sous les pommiers, en mar-

---

comique, qui fait rire

chant d'un bout à l'autre de la cour. Toutes les réflexions que j'avais faites dans la journée, l'étrange découverte du matin, cet amour ridicule attaché à moi, des souvenirs venus à la suite, des souvenirs charmants et troublants, ce regard de Céleste levé sur moi à l'annonce de mon départ, tout cela mêlé, me mettait dans cette humeur joyeuse qui donne envie de faire des bêtises.

La nuit venait, glissant son ombre sous les arbres, et j'aperçus Céleste qui allait fermer le *poulailler*. Courant à pas si légers qu'elle n'entendit rien, je la saisis dans mes bras pour l'embrasser.

Pourquoi l'ai-je lâchée vivement? Pourquoi me suis-je retourné brusquement? Comment ai-je senti quelqu'un derrière moi?

C'était Miss Harriet qui rentrait, et qui nous avait vus, et qui restait immobile comme en face d'un fantôme. Puis elle disparut dans la nuit.

Je revins *honteux*, troublé, plus désespéré d'avoir été surpris ainsi par elle que si elle m'avait trouvé commettant un crime.

Je dormis mal, plein de pensées tristes. Il me sembla entendre pleurer. Je me trompais sans doute. Plusieurs fois aussi je crus qu'on marchait dans la maison et qu'on ouvrait la porte du dehors.

Vers le matin le sommeil me saisit enfin. Je m'éveillai tard et ne me montrai que pour déjeuner, encore confus.

---

poulailler, lieu où sont les poules
honteux, qui a le sentiment de s'être mal conduit

On n'avait pas aperçu Miss Harriet. On l'attendit;
elle ne parut pas. La mère Lecacheur entra dans sa
chambre, l'Anglaise était partie. Elle avait dû sortir
au petit matin, comme elle sortait souvent, pour voir
se lever le soleil.

On ne s'en étonna pas et on se mit à manger en
silence.

Il faisait chaud, très chaud, c'était un de ces jours
brûlants et lourds où pas une feuille ne bouge. On
avait tiré la table dehors sous un pommier; Céleste
apportait les plats de la cuisine, puis, du cidre plusieurs fois, tant on avait soif. Puis, elle posa devant
nous une assiette de *cerises*, les premières de la sai-
son.

Voulant les laver à l'eau fraîche, je priai la petite
bonne d'aller me tirer un *seau* d'eau bien froide.

Elle revint au bout de cinq minutes en déclarant
qu'il n'y avait plus d'eau dans le *puits*. Ayant laissé
descendre toute la corde, le seau avait touché le fond,

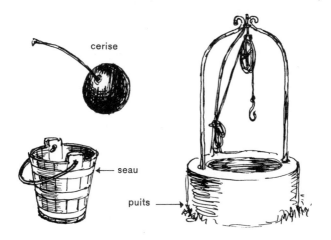

cerise

seau

puits

puis il était remonté vide. La mère Lecacheur voulut se rendre compte par elle-même, et s'en alla regarder par le trou. Elle revint en annonçant qu'on voyait bien quelque chose dans son puits, quelque chose qui n'était pas naturel.

Je voulus aussi regarder, espérant que je saurais mieux voir, et je me penchai sur le bord. J'aperçus vaguement un objet blanc. Mais quoi? J'eus alors l'idée de descendre une *lanterne* au bout d'une corde. La lanterne s'arrêta au-dessus d'une masse incompréhensible, blanche et noire.

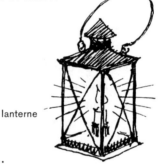

lanterne

Céleste s'écria:

– C'est un cheval. Il a dû tomber cette nuit.

Mais soudain, je frissonnai jusqu'au fond de moi. Je venais de reconnaître un pied, puis une jambe dressée; le corps entier et l'autre jambe disparaissaient sous l'eau.

Je dis tout bas, et tremblant si fort qu'on ne comprit qu'à peine:

– C'est une femme qui... qui... qui est là-dedans... c'est Miss Harriet.

La mère Lecacheur et Céleste se mirent à pousser des cris, et elles s'enfuirent en courant.

Je fis remonter le corps pendant que les deux femmes m'observaient du loin, cachées derrière le mur de la maison. Quand elles aperçurent, sortant du trou, les souliers noirs et les bas blancs de l'Anglaise, elles disparurent.

Je la portai dans sa chambre, et comme les deux femmes ne paraissaient pas, je fis sa toilette de mort, puis, j'allai chercher des fleurs.

Une lettre trouvée dans sa poche, écrite au dernier moment, demandait qu'on l'*enterrât* dans ce village où s'étaient passés ses derniers jours. Une pensée affreuse me serra le cœur. N'était-ce pas à cause de moi qu'elle voulait rester en ce lieu?

Je la regardais, la pauvre femme inconnue à tous, morte si loin, si affreusement. Laissait-elle quelque part des amis, des parents? Qu'avaient été son enfance, sa vie? D'où venait-elle ainsi, toute seule, errante, perdue, comme un chien chassé de sa maison?

Comme il y a des êtres malheureux! C'était fini pour elle, sans qu'elle eût jamais eu l'espérance d'être aimée une fois! Car pourquoi se cachait-elle ainsi, fuyait-elle les autres? Pourquoi aimait-elle d'un amour si tendre toutes les choses et tous les êtres vivants qui ne sont pas les hommes?

Et je comprenais qu'elle crût en Dieu; elle allait maintenant devenir plante à son tour et fleurir au soleil.

---

enterrer, mettre un mort en terre

Léon Chenal se tut. Les femmes pleuraient. On entendait sur le siège le comte d'Etraille soupirer, et les chevaux tiraient mollement. La voiture n'avançait plus qu'à peine, devenue lourde tout à coup comme si elle avait été chargée de tristesse.

Questions

I

1. Pourquoi Léon Chenal se met-il à raconter l'histoire?

2. Quel est son métier?

II

3. Où est-il descendu lors d'un voyage?

4. Y a-t-il d'autres voyageurs dans l'auberge?

5. Quels sont les traits de caractère de Miss Harriet?

6. Est-elle aimée dans le village?

III

7. Comment le peintre fait-il sa connaissance?

8. Est-ce qu'ils deviennent amis?

9. Pourquoi Miss Harriet subit-elle un changement?

IV

10. Que se passe-t-il un jour dans la vallée?

11. Quelle est la réaction du peintre?

12. Pourquoi se décide-t-il à partir?

13. Comment s'aperçoit-on de la mort de Miss Harriet?

La dot

Personne ne s'étonna du mariage de *maître* Simon Lebrument avec Mlle Jeanne Cordier. Maître Lebrument venait d'acheter la *clientèle* de maître Papillon. Il fallait, bien entendu, de l'argent pour la payer. Et Mlle Jeanne Cordier avait trois cent mille francs *en liquide*.

---

maître, titre donné à un homme qui a fait des études de droit
clientèle, ensemble des clients
en liquide, en pièces et en billets

Maître Lebrument était un beau garçon qui avait de l'élégance, ce qui était rare à Boutigny-le-Rebours.

Mlle Cordier avait de la grâce, elle était peut-être un peu timide, mais, en somme, une belle fille.

Le jour du mariage, toute la ville de Boutigny était là. On admira beaucoup les mariés qui rentrèrent cacher leur bonheur chez eux, ayant décidé de faire tout simplement un petit voyage à Paris après quelques jours de *tête-à-tête*.

Il fut charmant ce tête-à-tête, car maître Lebrument était plein d'attentions envers sa femme, il la gâtait toute la journée. Au bout de quatre jours, Mme Lebrument ne pouvait plus *se passer de* son mari, il fallait qu'elle l'eût tout le temps près d'elle pour le caresser et l'embrasser. Elle s'asseyait sur ses genoux et, le prenant par les oreilles, elle disait:

– Ouvre la bouche et ferme les yeux. Il ouvrait la bouche avec confiance, fermait les yeux à moitié, et il recevait un bon baiser, bien tendre et bien long. Et, à son tour, il n'avait pas assez de caresses, pas assez de lèvres, pas assez de mains, pas assez de toute sa personne pour s'occuper d'elle du matin au soir et du soir au matin.

Une fois la première semaine passée, il dit à sa jeune compagne:

– Si tu veux, nous partirons pour Paris mardi pro-

---

tête-à-tête, à deux, seuls, en toute intimité
se passer de, vivre sans

chain. Nous ferons comme les amoureux qui ne sont pas mariés, nous irons dans les restaurants, au théâtre dans les cafés, partout, partout.

Elle sautait de joie:

– Oh! oui, oh! oui, allons-y le plus tôt possible.

Il reprit:

– Et puis, comme il ne faut rien oublier, préviens ton père de tenir ta dot toute prête; je l'emporterai avec nous, et je payerai par la même occasion maître Papillon.

Elle répondit:

– Je le lui dirai demain matin.

Et il l'embrassa.

Le mardi suivant, M. et Mme Cordier accompagnèrent à la gare leur fille et leur gendre qui partaient pour la capitale.

M. Cordier disait:

– Je vous jure que c'est imprudent d'emporter tant d'argent dans votre portefeuille.

Et le jeune homme souriait:

– Ne vous inquiétez de rien, j'ai l'habitude de ces choses-là. Vous comprenez que, dans ma profession, il m'arrive quelquefois d'avoir près d'un million sur moi. Ne vous inquiétez de rien.

L'employé criait:

– Les voyageurs pour Paris en voiture.

Et ils se précipitèrent dans le train.

Au bout d'une heure ils arrivèrent à la gare Saint-Lazare, et maître Lebrument dit à sa femme:

– Si tu veux, ma chérie, nous allons d'abord prendre le déjeuner sur le boulevard, puis, nous reviendrons tranquillement chercher notre valise pour aller ensuite à l'hôtel.

Elle y consentit tout de suite:

– Oh! oui, allons déjeuner au restaurant. Est-ce loin?

Il reprit:

– Oui, un peu loin, mais nous allons prendre l'*omnibus*.

omnibus

Elle s'étonna:

– Pourquoi ne prenons-nous pas un fiacre?

Il se mit à la gronder en souriant:

– C'est comme ça que tu fais attention à l'argent?
Un fiacre pour cinq minutes de route, six sous par
minute, tu ne te gênes pas.

– C'est vrai, dit-elle, un peu *confuse.*

Un gros omnibus passait, tiré par trois chevaux.
Lebrument cria:

– Conducteur! eh! conducteur!

La lourde voiture s'arrêta. Et le jeune homme,
poussant sa femme, lui dit très vite:

– Monte dans l'intérieur, moi je monte dessus pour
fumer au moins une cigarette avant mon déjeuner.

Elle n'eut pas le temps de répondre, le conducteur,
qui l'avait prise par le bras pour l'aider à monter, la
poussa dans la voiture, et elle s'assit, stupéfaite, regardant par la vitre de derrière les pieds de son mari
qui montait sur l'*impériale.*

Et elle resta immobile entre un gros monsieur qui
sentait la pipe, et une vieille femme qui sentait le
chien.

impériale

---

confus, troublé par le sentiment d'une faute

Elle se mit à regarder les autres voyageurs en essayant de deviner leur métier. L'omnibus était plein, et elle se sentait très triste et abandonnée. Elle se disait:

– Pourquoi n'est-il pas venu avec moi? Il aurait bien pu, vraiment, *se priver de* cette cigarette.

On s'arrêta, on repartit, puis on s'arrêta de nouveau.

– C'est plus loin que je n'aurais cru, pensait Jeanne. Pourvu qu'il n'ait pas oublié, qu'il ne se soit pas endormi. Il est bien fatigué depuis quelques jours.

Peu à peu tous les voyageurs s'en allaient. Elle resta seule, toute seule. Le conducteur cria:

– Vaugirard!

Comme elle ne bougeait pas, il répéta:

– Vaugirard!

Elle le regarda, comprenant que ce mot s'adressait à elle, puisqu'elle n'avait plus de voisins. Alors elle demanda:

– Où sommes-nous?

Il répondit d'un ton fâché:

– Nous sommes à Vaugirard, nom de Dieu, voilà vingt fois que je le crie.

– Est-ce loin du boulevard? dit-elle.

– Quel boulevard?

– Mais le boulevard des Italiens.

– Il y a longtemps qu'il est passé!

– Ah! Voulez-vous bien prévenir mon mari?

---

se priver de, s'ôter la jouissance de

– Votre mari? Où ça?

– Mais sur l'impériale.

– Sur l'impériale! Voilà longtemps qu'il n'y a plus personne.

Elle eut un geste de terreur.

– Comment ça? Ce n'est pas possible. Il est monté avec moi. Regardez bien; il doit y être!

Le conducteur perdait patience:

– Allons, la petite, assez causé, un homme de perdu, dix de retrouvés. Vous en trouverez bien un autre dans la rue.

Des larmes lui montaient aux yeux, elle insista:

– Mais, monsieur, vous vous trompez, je vous assure que vous vous trompez. Il avait un gros portefeuille sous le bras.

L'employé se mit à rire:

– Un gros portefeuille. Ah! oui, il est descendu à la Madeleine. C'est égal, il vous a bien *lâchée,* ah! ah! ah! . . .

La voiture s'était arrêtée. Elle en sortit, et regarda, malgré elle, d'un mouvement instinctif de l'œil, sur le toit de l'omnibus. Il était parfaitement désert.

Alors elle se mit à pleurer et tout haut, sans penser qu'on l'écoutait et qu'on la regardait, elle dit:

– Qu'est-ce que je vais devenir?

L'inspecteur du bureau s'approcha:

– Qu'y a-t-il?

Le conducteur répondit d'un ton riant:

---

lâcher, abandonner

– C'est une dame que son époux a lâchée en route.
L'autre reprit:

– Bon, ce n'est rien, occupez-vous de votre service.
Et il s'en alla.

Alors, elle se mit à marcher tout droit, trop effrayée pour comprendre elle-même ce qui lui arrivait. Où irait-elle? Qu'allait-elle faire? Que lui était-il arrivé à lui? Comment pouvait-il faire une pareille erreur, l'oublier, penser à autre chose?

Elle avait deux francs en poche. A qui s'adresser? Et, tout d'un coup, elle se souvint de son cousin Barral, sous-chef de bureau à la Marine.

Elle avait juste de quoi payer un fiacre et se faire conduire chez lui. Et elle le rencontra, comme il partait pour le ministère. Il portait, ainsi que Lebrument, un gros portefeuille sous le bras.

Elle sauta de sa voiture:

– Henry! cria-t-elle.

Il s'arrêta, stupéfait:

– Jeanne? ... Ici? ... Toute seule? Que faites-vous, d'où venez-vous?

Elle balbutia, les yeux pleins de larmes:

– Mon mari s'est perdu tout à l'heure.

– Perdu, où ça?

– Sur un omnibus.

– Sur un omnibus? ... Oh! ...

Et elle lui raconta en pleurant son aventure.

Il écoutait, réfléchissant. Il demanda:

– Ce matin, il avait la tête bien calme?

– Oui.

– Bon. Avait-il beaucoup d'argent sur lui?

– Oui, il portait ma dot.

– Votre dot? . . . Tout entière?

– Tout entière . . . Pour payer maître Papillon qui lui avait laissé sa clientèle.

– Eh bien, ma chère cousine, votre mari à l'heure qu'il est, doit être parti pour la Belgique.

Elle ne comprenait pas encore. Elle dit, hésitant:

– . . . Mon mari . . . Vous dites? . . .

– Je dis, qu'il a volé votre capital, et voilà tout.

Elle restait debout, ayant perdu le souffle, murmurant:

– Alors, c'est . . . c'est . . . c'est un misérable! . . .

Puis, sentant qu'elle allait tomber, elle se jeta contre son cousin, pleurant de toutes ses forces.

Comme on s'arrêtait pour les regarder, il la poussa, tout doucement, dans la maison et, la soutenant, il lui fit monter l'escalier. Et, comme la bonne stupéfaite ouvrait la porte, il commanda:

– Sophie, courez au restaurant chercher un déjeuner pour deux personnes. Je n'irai pas au ministère aujourd'hui.

Questions

1. Pourquoi maître Lebrument a-t-il épousé Mlle Cordier?

2. Quel est son métier?

3. Où partent-ils en voyage?

4. Pourquoi le mari veut-il garder l'argent sur lui?

5. Où veulent-ils aller déjeuner?

6. Comment font-ils pour y aller?

7. Comment le mari fait-il pour s'enfuir?

8. Que fait Mme Lebrument quand elle s'aperçoit que son mari est parti?

9. Qu'en dit le conducteur?

10. A qui s'adresse-t-elle ensuite?

11. Que lui explique son cousin?

Denis

pharmacien

médicaments

M. Marambot ouvrit la lettre que lui remettait Denis, son serviteur, et il sourit.

Denis, depuis vingt ans dans la maison, petit homme carré et gai, passait dans toute la région pour être le parfait serviteur, le meilleur que l'on puisse s'imaginer.

– Monsieur est content, monsieur a reçu une bonne nouvelle?

M. Marambot n'était pas riche. Ancien *pharmacien* de village, *célibataire*, il vivait de la somme acquise avec peine en vendant des *médicaments* aux paysans.

Il répondit:

---

célibataire, qui n'est pas marié

– Oui, mon garçon. Vous souvenez-vous du *procès* dont je menace le père Malois depuis quelque temps? Eh bien, il *cède.* Je recevrai demain mon argent. Cinq mille francs ne font pas de mal dans la caisse d'un vieux garçon.

Et M. Marambot se frottait les mains. C'était un homme d'un caractère paisible, plutôt triste que gai, et assez indifférent dans ses affaires.

Il aurait pu, certainement, gagner plus d'argent, s'il avait voulu profiter des chances qui lui avaient été données, chaque fois que mourait un pharmacien dans une ville plus importante. Mais l'ennui de changer d'endroit l'avait sans cesse retenu; et il se contentait de dire après deux jours de réflexion:

– Tant pis, ce sera pour la prochaine fois. Je ne perds rien à attendre. Je trouverai mieux peut-être.

Denis, au contraire, poussait son maître à être actif. Il l'était lui-même, et souvent il répétait:

– Oh! moi, si j'avais eu un peu d'argent, j'aurais fait fortune. Seulement mille francs, et je ferais des affaires.

M. Marambot souriait sans répondre et sortait dans son petit jardin, où il se promenait, les mains derrière le dos, en rêvant.

Denis chantait toute la journée, comme un homme en joie. Et en même temps il nettoyait toute la maison si énergiquement que souvent son maître lui disait:

---

procès, affaire que l'on porte devant un juge
céder, cesser de s'opposer

– Si tu travailles comme ça, mon garçon, tu n'auras rien à faire pour demain.

Le lendemain, vers neuf heures du matin, le *facteur* donna à Denis quatre lettres pour M. Marambot, dont une très lourde. Son maître s'enferma aussitôt dans sa chambre jusqu'au milieu de l'après-midi. Il confia alors à son serviteur quatre enveloppes pour la poste.

facteur

L'une d'elles était adressée à M. Malois, c'était sans doute un *reçu* de l'argent.

Denis ne posa point de questions à son maître; il parut aussi triste et sombre ce jour-là, qu'il avait été joyeux la veille.

---

reçu, papier par lequel on reconnaît avoir reçu une certaine somme d'argent

La nuit vint. M. Marambot se coucha à son heure ordinaire et s'endormit.

Il fut réveillé par un bruit singulier. Il s'assit aussitôt dans son lit et écouta. Mais brusquement sa porte s'ouvrit, et Denis parut sur le seuil, tenant une *bougie* d'une main, un couteau de cuisine de l'autre; il avait de gros yeux et était horriblement pâle.

M. Marambot, pris d'une grande peur, le crut devenu *somnambule,* et il allait se lever pour courir vers lui pour le réveiller, quand le serviteur souffla la bougie en se précipitant vers le lit. Son maître ten-

somnambule, qui marche, agit et parle tout en dormant

dit les mains en avant pour recevoir le coup qui le renversa sur le dos.

Il fut atteint une première fois d'un coup de couteau à l'épaule, une seconde fois au front, une troisième fois à la poitrine. Il se battait de toutes ses forces, agitant ses mains et ses pieds dans le noir et criant:

– Denis! Denis! Es-tu devenu fou, voyons, Denis!

Mais l'autre continuait, repoussé tantôt d'un coup de pied, tantôt d'un coup de poing, mais revenant chaque fois furieusement. M. Marambot fut encore blessé deux fois à la jambe et une fois au ventre.

Mais, soudain, une pensée rapide lui passa par la tête, et il se mit à crier:

– Finis donc, finis donc, Denis, je n'ai pas reçu mon argent!

L'homme s'arrêta aussitôt, et son maître entendait son souffle dans le noir.

M. Marambot reprit aussitôt:

– Je n'ai rien reçu. M. Malois n'a pas voulu céder, malgré tout, le procès va avoir lieu. C'est pour ça que tu as porté les lettres à la poste. Lis plutôt celles qui sont sur mon bureau.

Et, d'un dernier effort, il saisit les *allumettes* sur sa table de nuit et alluma sa bougie.

Il était couvert de sang. Il y avait des gouttes de sang sur le mur. Les *draps*, les rideaux, tout était rouge. Denis, tout couvert de sang aussi des pieds à la tête, se tenait debout au milieu de la chambre.

Quand M. Marambot vit cela, il se crut mort, et il perdit connaissance.

Il revint à lui le lendemain matin. Il mit quelque temps avant de reprendre ses sens, de comprendre, de se rappeler. Mais, soudain, le souvenir du crime et de ses blessures lui revint, et une peur si violente le saisit, qu'il ferma les yeux pour ne rien voir. Au bout de quelques minutes il se calma et il réfléchit. Il n'était pas mort *sur le coup*, il pouvait donc se remettre. Il se sentait faible, très faible. Il se sentait aussi glacé, et tout mouillé. Il pensa que ce froid venait du sang, dont son lit était couvert. L'idée de revoir ce spectacle affreux le bouleversait, et il tenait ses yeux fermés avec force, comme s'ils allaient s'ouvrir malgré lui.

Qu'était devenu Denis? Il avait pris la fuite, pro-bablement.

Mais qu'allait-il faire, maintenant, lui, Marambot? Se lever? Appeler au secours? Or, s'il faisait un seul mouvement, cela serait peut-être dangereux, il tom-berait peut-être mort, ayant perdu tant de sang.

Tout à coup, il entendit pousser la porte de sa chambre. Son cœur cessa presque de battre. C'était Denis qui venait l'achever, certainement. Il cessa de respirer pour que l'*assassin* le crût mort.

Il sentit qu'on relevait le drap, puis qu'on lui touchait le ventre. Une douleur vive le fit bouger. On le lavait maintenant avec de l'eau fraîche, tout doucement. Donc, on avait découvert le crime, et on le soignait, on le sauvait. Il fut saisi de joie. Ensuite

---

sur le coup, tout de suite
assassin, celui qui tue ou essaie de tuer un homme

il ouvrit un œil, un seul, pour ne pas montrer qu'il avait repris connaissance.

Il reconnut Denis debout près de lui, Denis en personne. Il referma vite son œil.

Denis! Que faisait-il alors? Que voulait-il? A quel projet songeait-il encore?

Ce qu'il faisait? Mais il le lavait pour effacer les traces! Et il allait l'enterrer maintenant dans le jardin, pour qu'on ne le découvrît pas? Ou peut-être dans la cave, sous les bouteilles de vin fin?

Et M. Marambot se mit à trembler si fort, que tous ses membres bougeaient.

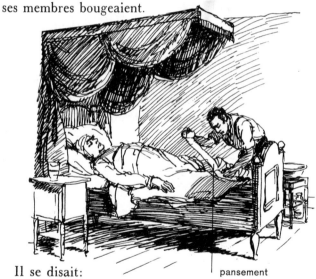

Il se disait: pansement

— Je suis perdu, perdu!

Et il fermait les yeux davantage pour ne pas voir arriver le dernier coup de couteau. Mais, il ne le reçut pas. Denis, maintenant, le soulevait pour mettre un drap frais sur le lit. Puis il lui mit des *pansements* sur les jambes avec beaucoup de soin, comme il avait appris à le faire quand son maître était pharmacien.

Aucune hésitation n'était plus possible pour un homme du métier: son serviteur, après avoir voulu le tuer, essayait de le sauver.

M. Marambot ouvrit les deux yeux.

Il n'y avait plus de trace de sang ni sur le lit, ni dans la chambre, ni sur l'assassin.

Les deux hommes se regardèrent.

Enfin, M. Marambot dit avec douceur:

– Tu as commis un grand crime.

Denis répondit:

– Je suis en train de le réparer, monsieur. Si vous ne *me dénoncez* pas, je vous servirai fidèlement comme auparavant.

Ce n'était pas le moment de s'opposer au serviteur, et M. Marambot prononça en refermant les yeux:

– Je te jure de ne pas te dénoncer.

---

dénoncer quelqu'un, désigner comme coupable aux autorités

Denis sauva son maître. Il passa les nuits et les jours sans sommeil, ne quitta point la chambre du malade, le soigna avec l'amour d'un fils.

A tout moment il demandait:

– Eh bien, monsieur, comment vous trouvez-vous?

M. Marambot répondit d'une voix faible:

– Un peu mieux, mon garçon, je te remercie.

Et quand le malade s'éveillait la nuit, il voyait souvent Denis qui pleurait dans son fauteuil et s'essuyait les yeux en silence.

Jamais l'ancien pharmacien n'avait été si bien soigné, si gâté. Il s'était dit tout d'abord:

– Dès que je serai guéri, je *me débarrasserai de lui.*

Mais maintenant il allait mieux, et remettait de jour en jour le moment de se séparer de son assassin. Il pensait que personne n'aurait pour lui autant d'*égards* et d'attentions, qu'il tenait ce garçon par la peur. Et il le prévint qu'il avait déposé chez un avocat un papier le dénonçant à la justice, s'il arrivait quelque accident nouveau.

Denis continuait à se montrer un parfait serviteur. M. Marambot était guéri. Il le garda.

---

se débarrasser de quelqu'un, se défaire de quelqu'un; renvoyer quelqu'un

égards, marques de considération, de sympathie

gendarme

Or, un matin, comme il achevait de déjeuner, il entendit tout à coup un grand bruit dans la cuisine. Il y courut. Denis se battait avec deux *gendarmes*, et un troisième prenait gravement des notes.

Dès qu'il aperçut son maître, le serviteur se mit à pleurer, criant:

– Vous m'avez dénoncé, monsieur, ce n'est pas bien, après ce que vous m'aviez promis. Vous manquez à votre parole d'honneur, monsieur Marambot. Ce n'est pas bien, ce n'est pas bien!

M. Marambot, stupéfait et désolé d'être soupçonné, leva la main:

– Je te jure devant Dieu, mon garçon, que je ne t'ai pas dénoncé. J'ignore absolument comment messieurs les gendarmes ont pu savoir que tu as tenté un assassinat sur moi.

Le gendarme eut un sursaut:

– Vous dites qu'il a voulu vous tuer, monsieur Marambot?

Le pharmacien, confus, répondit:

– Mais, oui ... Mais je ne l'ai pas dénoncé ... Je n'ai rien dit ... Je jure que je n'ai rien dit ... Il me servait très bien depuis ce moment-là ...

Le gendarme prononça sévèrement:

– Je prends note de ce que vous venez de dire. La justice appréciera certainement cette nouvelle qu'elle ignorait, monsieur Marambot. Je suis chargé d'arrêter votre serviteur pour avoir volé deux *canards* chez M. Duhamel, votre voisin. Je vous demande pardon, monsieur. Je rendrai compte de votre déclaration.

Et, se tournant vers ses hommes, il commanda:

– Allons, en route!

Les deux gendarmes entraînèrent Denis.

canard

III

L'avocat venait de faire son discours de défense,
insistant sur le point que les deux crimes commis
venaient du même état mental. Que le vol des deux
canards trahissait la même maladie d'esprit que les
huit coups de couteau portés à Marambot. Il avait en
tous ses détails examiné cette crise de folie *passagère*

---

passager, qui est de courte durée

qui pourrait, sans aucun doute, être guérie après un traitement de quelques mois dans une bonne *maison de santé*. Il avait parlé avec enthousiasme du *dévouement* continu de cet honnête serviteur, des soins *incomparables* envers son maître blessé par lui dans une seconde de folie.

Touché jusqu'au cœur par ce souvenir, M. Marambot se sentit les yeux humides.

---

maison de santé, maison où l'on soigne les maladies mentales (la folie)

dévouement, action de s'attacher à quelqu'un et de le servir

incomparable, ce qui ne peut être comparé

L'avocat s'en aperçut, ouvrit les bras d'un geste large et cria, d'une voix tremblante:

– Regardez, regardez, regardez, messieurs *les jurés,* regardez ces larmes. Qu'ai-je à dire maintenant pour mon client? Quel discours, quel raisonnement vaudraient ces larmes de son maître! Elles parlent plus haut que moi, plus haut que la loi; elles crient:

– Pardon pour la folie d'une heure!

Il se tut, et s'assit.

Le président, alors, se tournant vers Marambot, dont le témoignage avait été excellent pour le serviteur, lui demanda:

– Mais enfin, monsieur, en admettant même que vous avez considéré cet homme comme fou, cela n'explique pas que vous l'ayez gardé. Il n'en était pas moins dangereux.

Marambot répondit, en s'essuyant les yeux:

– Que voulez-vous, monsieur le président, on a tant de mal à trouver des serviteurs ce temps-ci... Je n'aurais pas rencontré mieux...

Denis fut *acquitté* et mis, aux frais de son maître, dans une maison de santé.

---

les jurés, douze personnes auxquelles est soumise une affaire criminelle

acquitter, déclarer innocent

Questions

I

1. Est-ce que M. Marambot a bien réussi dans la vie?

2. Quel est son caractère?

3. Comment est Denis?

4. Quelle est la nouvelle que M. Marambot reçoit par la poste?

5. Que se passe-t-il dans la nuit?

6. Pourquoi Denis essaie-t-il d'assassiner son maître?

7. Que dit M. Marambot pour se défendre?

8. Quand revient-il à lui?

9. Où est Denis?

10. Pourquoi veut-il sauver son maître?

11. Qu'est-ce qu'il a été convenu entre les deux hommes?

II

12. Pourquoi les gendarmes viennent-ils un jour chez M. Marambot?

13. Qu'est-ce qu'ils y apprennent?

14. Comment se conduisent-ils à l'égard de Denis?

15. De quoi Denis accuse-t-il son maître?

III

16. Pourquoi Denis est-il acquitté?